La quête de l'exil

(Pratique de l'exil)

ISBN : 2-7384-4093-2

Christian Miquel

La quête de l'exil

(Pratique de l'exil)

Éditions L'Harmattan
5-7, rue de l'École-Polytechnique
75005 PARIS

Collection ***La philosophie en commun***
dirigée par S. Douailler, J. Poulain, P. Vermeren

Dernières parutions :

Jacqueline Rousseau-Dujardin, *Ce qui vient à l'esprit dans la situation psychanalytique.*
Josette Lanteigne, *La question du jugement.*
Chantal Anne, *L'amour dans la pensée de Soren Kierkegaard.*
Sous la direction de Dominique Bourg, *La nature en politique.*
Jacques Poulain, *La neutralisation du jugement.*
Saverio Ansaldi, *La tentative schellingienne, un système de la liberté est-il possible ?*
Solange Mercier Josa, *Théorie allemande et pratique française de la liberté.*
Philippe Sergeant, *Dostoïevski la vie vivante.*
Jeanne Marie Gagnebin, *Histoire et narration chez Walter Benjamin.*
Sous la responsabilité de Jacques Poulain et Patrice Vermeren, *L'identité philosophique européenne.*
Philippe Riviale, *La conjuration, essai sur la conjuration pour l'égalité dite de Babeuf.*
Sous la responsabilité de Jean Borreil et Maurice Matieu, *Ateliers I, esthétique de l'écart.*
Gérard Raulet, *Chronique de l'espace public. Utopie et culture politique (1978-1993).*
Jean-Luc Evard, *La faute à Moïse. Essais sur la condition juive.*
Eric Haviland, *Kostas Axelos, une vie pensée, une pensée vécue.*
Jacqueline Rousseau-Dujardin, *L'imparfait du subjectif*
Patrick Sauret, *Inventions de lecture chez Michel Leiris.*
Josiane Boulad-Ayoub, *Mimes et parades.*
Jean-Pierre Lalloz, *Ethique et vérité.*
Renzo Ragghianti, *Alain. Apprentissage philosophique et genèse de la* Revue de Métaphysique et de Morale.
Philippe Despoix, *Ethiques du désenchantement*
Frances Nethercott, *Une rencontre philosophique, Bergson en Russie (1907-1917).*
Jean-Marie Lardic, *L'infini et sa logique. Etude sur Hegel.*
Patrice Vermeren, *Victor Cousin. Le jeu de la philosophie et de l'Etat.*

Jean-Ernest Joos, *Kant et la question de l'autorité.*
Stanislas Breton, *Vers l'originel.*
Hélène Van Camp, *En deuil de Kafka.*
François Rouger, *Existence-Monde-Origine.*
Collectif, Jean Borreil, *La raison de l'autre.*

Chapitre 1

RÉSURGENCES DE L'EXIL

La pratique de l'exil ne suppose aucun code, n'a besoin d'aucun principe « a priori ». Elle n'a besoin que d'un lieu où s'exprimer pour délimiter son champ d'action. Mais ce lieu peut être n'importe où.

La première chose à faire, c'est de préparer le terrain. En faisant resurgir, où qu'on se trouve, la dimension exilique. Et cela quelle que soit la situation.

1 — Ressac

L'exil, chassé par le flot monstrueux du quotidien, balayé par les vents contraires de préoccupations toujours urgentes, noyé sous les lames de fond de l'ennui et de l'habitude, resurgit pourtant toujours.

N'importe où, n'importe comment. Déguisé sous n'importe quel vêtement. Il suffit de savoir déshabiller les sentiments qui l'occultent pour retrouver son terrible silence et la nudité à laquelle on est à nouveau confronté.

Les résurgences de l'exil ont alors ce goût amer et salé que la vie laisse derrière elle, qu'on essaye désespérément d'oublier et qui ne cesse pourtant de bruire, en un doux chant mélancolique. Comme le murmure sourd du ressac.

Ressac de l'amour

Que pleure donc l'amoureux qui s'est forcé à une rupture qui le déchire ? Le plus souvent, ce n'est même pas son bonheur perdu : il n'était pas heureux. Et il le sait, puisque c'est précisément ce qui l'a amené à rompre. Ce qu'il pleure, c'est bien plutôt « l'idée » du bonheur qu'il espérait et en lequel il croyait : soudain, au moment où tout est perdu, il lui semble que sa vie « aurait dû » se faire avec cet être qu'il rejette désormais, qu'ils auraient dû vivre ensemble et qu'ils avaient le droit de jouir d'un bonheur commun. Ce qu'il pardonne le moins, c'est qu'on lui ait ainsi volé sa vie qu'il croyait toute tracée aux côtés de son élue (c'est également ce que pleure égoïstement celui dont la compagne vient de lui être arrachée par la mort).

Mais déshabillez un peu cette souffrance : ce qui fait mal, c'est l'impression qu'une Nécessité implacable devait lier les deux vies ensemble, et que c'est à cela qu'on doit renoncer. La cause de la souffrance réside donc dans l'idée que la relation dont on fait le deuil comportait quelque chose d'absolument essentiel et nécessaire, dont on n'arrive pas à se passer. Ce qu'on n'arrive pas encore à accepter, c'est que finalement ce qui reliait deux êtres ensemble était purement fortuit, arbitraire et contingent.

Par là même, il se trouve confronté à la dimension exilique contre laquelle il lutte pourtant de toutes ses forces : il souffre de savoir que même dans l'attachement le plus fort qui soit, même dans ce qui lui apparaissait comme sa raison de vivre, il n'y avait rien de définitif et d'absolument nécessaire. Il doit se convaincre que cette personne n'était pas « toute sa vie », et que donc les rencontres humaines sont finalement, toujours, gratuites et sans fondement. C'est cela, cette terrible compréhension qu'il est à jamais seul et que tout lien peut se défaire, que ses expériences ont un aspect fondamentalement fortuit, irraisonné et gratuit, qu'il ne veut pas encore accepter. Il souffre de voir que ce qu'il croyait être une absolue Nécessité, finalement s'évanouit et se démontre n'avoir aucune importance — alors qu'accepter cette dimension non fondée et exilique qui se niche au creux de toute relation serait pourtant la voie de la sagesse et la seule manière de se guérir…

Mais les expériences, comme le ressac de la mer, ne servent à rien. Car après avoir longtemps souffert, après avoir finalement admis que son sentiment était en définitive gratuit et sans raison, pouvant se renforcer ou se défaire sans aucune Nécessité intrinsèque, l'amoureux type s'empressera d'oublier la terrible leçon de l'exil, en cherchant à nouveau à trouver la « vraie personne », la véritable élue avec qui sa vie sera enfin liée de manière absolument nécessaire et indislocable…

La leçon qu'il aurait pu, pourtant, en tirer, c'est qu'il faut essayer de vivre une relation humaine, même la plus profonde et la plus importante qui soit, en se rappelant toujours qu'elle est profondément gratuite et non fondée, pouvant disparaître et se défaire du jour au lendemain. Non point pour se tenir à l'écart et ne pas s'impliquer, mais pour le faire tout en connaissant la solitude absolue et exilique qui est sienne ; pour en apprécier, d'autant plus, le don gratuit de l'autre, qui ne peut reposer sur aucun acquis, et qui peut chaque jour changer de décision. Car toute autre forme de relation, dans laquelle on croirait une fois pour toutes, n'est qu'un pitoyable mensonge pour se cacher à soi-même sa propre solitude, en faisant croire qu'on aime l'autre — alors qu'on ne fait que tenir à lui...

2 — Événements naturels

Voyage, retour et souvenirs

Retour à Montréal, reprise d'un mouvement exilique et d'une errance oubliée.

Le neige est froide comme l'ennui et réduite cette fois-ci à une peau de chagrin. Elle suffit à peine à recouvrir les trottoirs, et le soleil qui brille toujours autant illumine une ville anonyme et grise, semblable à toute cité construite par des humains.

Nulle trace du message que j'étais venu chercher, et qui m'avait tant fasciné les premières années — à savoir ce dénuement aride porté par les neiges ouatées et silencieuses de l'hiver, cette errance exilique imposée par la grandeur des espaces québécois. Comme si le pays, ayant livré une fois son secret, n'avait plus rien à dire.

Car il en est du lieu originaire de l'exil comme de la Pythie : ils ne parlent qu'une fois, reprenant ensuite leur aspect profane.

Vouloir retrouver le lieu originaire de l'exil, en désoccultant les strates qui le recouvrent, serait tout aussi illusoire que de revenir dans un pays en s'attendant à revivre les impressions ressenties lors de la première découverte.

Mais alors que faire ? Si le chasseur sait profiter des moindres signes d'un espace qu'il a apprivoisé depuis longtemps, c'est parce que sa maîtrise du terrain lui permet d'être d'autant plus vigilant et attentif à l'inattendu. S'il perd cette faculté d'être à l'écoute des choses, tout, en lui, redevient affaire d'habitude ; il ne lui reste plus qu'à chercher un nouveau territoire de chasse.

Il en va de même pour notre voyageur qui souhaite reprendre son errance et renouer avec une pratique exilique authentique : il lui faut apprendre à parcourir avec un regard neuf les anciens lieux qu'il connaît déjà — ou alors, partir vers des horizons inconnus.

Deux types de personnages apparemment contradictoires peuvent finalement parcourir le monde de manière exilique : le voyageur qui ne s'attache à aucun lieu et qui se hâtera de quitter tout port dans lequel il se reposera quelques instants pour reprendre des forces, et le voyageur immobile qui, sans jamais quitter sa propre ville, n'est jamais confronté à la même vision.

Neige, espaces et froid polaire

Neiges

Ce qui est beau dans les tempêtes de neige qui s'abattent sur Montréal, c'est de voir comme toutes les activités humaines sont soudain ralenties, une immense ville, ses gratte-ciel comme ses artères commerciales étant brutalement immobilisés et soumis à un autre rythme : on ne peut avancer qu'avec d'infinies précautions, tête penchée contre la tourmente et jambes se frayant péniblement une voie à travers des amas de neige non encore déblayée. Qu'il neige, et toute une ville vit au ralenti, entrant comme en hibernation. Et cela devient un rythme naturel contre lequel nul ne songerait à s'élever : comme si, soudain, l'homme retrouvait contact avec d'antiques expériences et réflexes de trappeur oubliés...

Ce qui est beau également dans la neige, c'est la manière dont elle tombe sans discontinuer, pendant des jours entiers, tantôt en gros flocons, tantôt en rafales de givre glacé. Car, à contempler ces chutes qui semblent sans fin, on sent un calme étrange vous envahir. Comme si vous étiez vous-même recouvert, enseveli sous un lourd linceul de sommeil ; comme si le temps cessait de s'écouler en vous projetant de manière horizontale vers demain et vers de nouveaux projets, et qu'à la place, cet épais manteau blanc qui coule doucement du ciel comme d'un immense sablier vous intégrait silencieusement dans un temps vertical qui, de toutes parts, vous entoure et vous enserre, en vous abstrayant du temps quotidien, en vous faisant plonger dans un « autre temps » immobile, où il n'y a pas de projet, pas de demain : rien, si ce n'est la blancheur immaculée de ce temps du silence et de l'oubli.

Ce qui est admirable également, c'est la qualité du silence ouaté qui se met soudain à recouvrir une ville et ses bruits habituels. Certes, le simple fait de regarder la neige tomber, sans fin, est déjà en soi une cure de silence, qui vous lave et vous purifie, en faisant oublier les problèmes et les milliers de pensées inutiles qui peuvent vous assaillir. Mais en plus, dans une capitale comme Montréal, c'est toute la perception de la ville qui change : les immeubles ne s'échappent plus vers le ciel, le haut des gratte-ciel étant caché dans une brume de neige qui ôte soudain toute dimension de hauteur ; de même, les larges avenues, les longues perspectives des rues s'étendant à l'infini, toujours plus loin, disparaissent. On a alors l'impression, soudain, d'être au bout du monde : dix mètres semblent extrêmement loin ; partout d'énormes blocs de neige barrent les perspectives, ferment l'espace en milliers de cocons. Tout se referme et devient désert blanc.

Il n'est pas besoin de le dire : la neige marque ainsi l'intrusion toujours inattendue de l'exil — exil qui dérange, qui empêche l'ordre normal des choses de se dérouler, qui impose son silence aux bruits de la ville et qui, soudain, fait intervenir un espace et un temps « autres », inhumains, face auxquels on ne peut que se taire ou communier…

Froid polaire

L'hiver québécois est également l'occasion d'un autre événement climatique, apparemment inverse du précédent et qui pourtant est porteur du même sens. C'est le moment où souffle le froid polaire. Un vent glacial et extrêmement sec s'en vient alors des pôles, en faisant fréquemment descendre la température jusqu'à moins vingt-cinq degrés, voire dans certains cas jusqu'à moins cinquante.

Sous l'influence de ce froid très sec, l'environnement est comme lavé et purifié : pas un seul nuage ne pointe à l'horizon ; le ciel est d'un bleu parfaitement translucide, faisant penser à l'azur que l'on voit du haut d'une montagne ou encore à travers les hublots d'un avion. Le regard peut se porter très loin à l'horizon, quasiment à l'infini. Le soleil brille et empêche que les morsures du froid ne soient trop fortes. Un tel paysage semble, lui aussi, transformer toute votre vision habituelle de la ville — mais cette fois-ci en lui ajoutant une nouvelle dimension de profondeur et de transparence qui amène les bâtiments à se détacher de manière quasi irréelle, fantastique…

Ce qui est également beau lorsque ce temps règne, c'est que si vous sortez, vous avez l'impression que votre peau se craquelle ou plus exactement se tendre comme le dessus d'un tambour. Mais, en même temps, vous vous sentez comme purifié par un assèchement qui vous ôte tout superflu : l'air sec vous morcelle, vous casse, vous fait vous recroqueviller sur vous-même au point de ne plus former qu'un bloc de pierre aux chairs gelées — un squelette éternel, à la vie miraculeusement arrêtée. On a alors l'impression que pour affronter ce monde étrange à la pureté étrangement préservée, il faut affronter les craquelures du gel et les morsures du froid sec — comme si vous étiez dans un espace extrêmement raréfié, perdu dans le cosmos et dans l'environnement d'un vide interstellaire hostile ou encore sur le sommet d'une montagne où l'oxygène commence à se faire extrêmement rare.

Le froid polaire, qui gèle et immobilise la vie en l'empierrant, en la rigidifiant et en l'asséchant, en imposant un rythme ralenti comme lorsqu'on se déplace dans un milieu pur mais où l'oxygène manque, ce froid, donc, est lui aussi un des symboles de l'exil qui introduit soudain dans la vie quotidienne sa dimension de « tout autre » de pureté quasiment irrespirable et tabou…

L'humide et l'espace

Le reste du temps, Montréal se replie frileusement dans un temps moite et extrêmement humide. Les épaisses vapeurs du Saint-Laurent montent alors jusqu'au mont Royal, s'insinuant partout. Dans une atmosphère saturée d'eau et d'humidité, les hommes vaquent à leurs occupations tristes et solitaires, quotidiennes et éphémères. A ces moments la ville redevient une ville purement humaine. C'est le temps du dégel et des fleuves de boue qui coulent à travers les rues...

A ces moments, la seule chose qui « sauve » Montréal, et qui en fait encore une ville d'exil, c'est l'impression d'espace qui se dégage progressivement. Car partout, ce qui frappe au premier regard, c'est l'espace qui subsiste et qui est toujours là, extrêmement large, jamais bouché, permettant de voir, de loin, le ciel et un petit coin de nature.

Cette impression d'espace est éminemment significative, car l'espace large, les zones libres entre deux immeubles, témoignent de la peur québécoise quasi obsessionnelle de la trop grande proximité : tout se passe comme si on avait craint que les immeubles ne se touchent. Il en est de même avec les foules qui attendent le bus en respectant un écart de quelque cinquante centimètres entre chaque personne. Même la drague, dans les cafés, ne se fait pas en frôlant l'autre, mais en se tenant respectueusement à distance, et en accentuant outrageusement, pour cela, les sourires et les regards de connivence... Cette maladie de l'espace témoigne bien du fait que les Québécois ne vivent pas leur propre espace en s'y sentant à l'aise, mais en perpétuel décalage, avec un mal-être qui fait qu'ils n'habitent, à vrai dire, nulle part.

L'espace québécois ouvre alors doublement à l'impression d'exil : en diluant et ouvrant le regard, en s'habituant à d'autres perspectives plus larges qui minorent notre propre importance ; mais aussi en plongeant dans des lieux où il n'est jamais à sa place, toujours en errance individuelle et en décalage, mis perpétuellement à l'écart des autres, de l'immeuble où il se trouve qui ouvre sur autre chose, de la ville qui fuit toujours ailleurs.

Malheureusement, cette impression d'exil transpire, chez les Québécois, d'une mauvaise conscience et d'un mal-être perpétuels. L'exil se voit, chez eux, sur un mode réactif.

3 — Villes

La ville obscène et la pornographie métaphysique de l'exil

L'exil auquel mène la société contemporaine est autre. Il est d'autant plus dangereux qu'il est invisible, cette caractéristique provenant elle-même d'une trop grande visibilité et de l'impression que tout est déjà donné.

Comment voulez-vous échapper à un monde qui est partout présent, dans une hyper-réalité d'autant plus obscène et étouffante qu'elle empêche toute prise de distance ?

Mais qu'est-ce que cette obscénité d'un monde où le sans distance est corollaire d'une mise à nu perpétuelle du réel, de son déchiquettement en millier d'images proliférant de manière monstrueuse ? Et n'y a-t-il pas là une nouvelle modalité de l'exil négatif dans lequel les contemporains sont maintenus ?

Pour répondre à cette question, interrogeons le paradigme qui domine cette nouvelle réalité obscène du monde et qui n'est autre que celui de la pornographie, qui fascine le regard de par la mise à nu des chairs offertes dans leur épaisse matérialité.

Contrairement à ce qu'aimeraient bien croire les féministes, ce n'est pas la simple transformation du corps de la femme en objet sexuel qui vient éveiller la fascination et le désir des voyeurs de la pornographie. Le nœud de la fascination provient plutôt de l'exacerbation de deux contraires : la réalité de l'absence et un rêve de présence.

Réalité de l'absence : celui qui regarde des magazines pornos est, d'emblée, en état de manque ou d'absence. Or, face à cette absence qu'il n'est pas capable d'accepter, l'image toujours plus obscène de corps nus lui offre paradoxalement le spectacle inverse d'une présence pure. Phantasme d'une présence pleine, où rien n'est caché, où les moindres détails de l'anatomie sont révélés, des poils du pubis aux replis des lèvres du sexe. Transparence totale, où l'absence de l'objet et de l'acte réel est ainsi compensée par une sur-saturation de l'univers visuel qui, au moins, possède l'image « nue » et totale à laquelle vous ne pouvez avoir accès dans la réalité. Ainsi, face à l'absence et à la solitude douloureuse, la pornographie offre une présence exacerbée, qui n'a plus rien à cacher, qui livre la matérialité du corps nu dans un rêve de transparence totale. Ce qui fascine, c'est cette illusion et ce rêve métaphysique devenu obscène, d'une pleine présence qui viendrait enfin combler une pure absence.

Jeu éminemment pervers et paradoxal. Car en s'offrant ainsi totalement, le corps de la femme dénudé devient corps-plein, un corps quasi religieux dont l'intensité même empêche toute idée de possession réelle. A être trop réel, il devient irréel, image léchée et glacée qui se dérobe dans sa perfection. La cavité béante d'un sexe zoomé fascinera certes, mais pas comme des lèvres réelles dissimulées derrière leurs poils, jouant à s'offrir et à se dissimuler en répondant aux mouvements des cuisses qui s'ouvrent et se ferment avant de succomber au désir. Il fascine, en devenant un signe de la pleine présence extatique cherchée, mais en se dérobant par là même comme quelque chose « d'autre », un simulacre parfait qu'on ne possédera jamais. Et plus il est obscène, plus le sexe devient paradoxalement absent et impossible à atteindre, s'éloignant dans l'irréalité et l'interdit de consommation concrète. C'est bien ce que savent confusément les prostituées, qui se revêtent toujours d'un minimum de vêtements pour aguicher le client…

Ainsi la pornographie barre-t-elle le désir de pleine présence qu'elle éveille en même temps : elle met en scène une nudité et un corps parfaitement transparent, si parfaitement nu, plein, zoomé et obscène, qu'il renvoie finalement, par cet étrange renversement, l'homme à son statut de manque et d'absence. Ne lui reste alors que la possibilité de l'onanisme par image interposée, pour essayer de se rapprocher de cette image inaccessible et pour mettre fin à l'insoutenable tension entre le manque et la présence.

La pornographie nous dévoile ainsi le projet obscène qui anime de manière sous-jacente toute métaphysique. Car vouloir atteindre la vérité qui se cache derrière les choses, chercher à les mettre à nu, rêver à une pleine présence mystique, ce n'est finalement pas autre chose que se définir comme étant en état de manque, et rêver à un dévoilement total et obscène du réel et du vrai — tout en sachant que ce dernier deviendra par là même inaccessible à l'homme. Si la pornographie dévoile le sens sous-jacent de la métaphysique, c'est peut-être parce qu'elle n'en est finalement que l'accomplissement ultime dans le domaine du corps.

Paradigme de la métaphysique occidentale, la pornographie est aussi le modèle de cet exil inauthentique qui guette notre société. Exil, dans un monde où tout est donné, livré sans distance, de manière transparente certes, mais en nous mettant en même temps paradoxalement en état d'absence et d'étrangeté face à notre univers quotidien devenu lisse et parfait, qui se dérobe dans l'inatteignable. La télévision est toujours là qui vous guette et vous attend de manière obscène, il n'y a qu'à appuyer sur le bouton…

Déréliction extrême, qu'il faut probablement accepter et pousser dans ses extrêmes conséquences afin que, cessant d'être fasciné par le jeu de l'exacerbation de la présence et de l'absence, l'homme se trouve soudain déconnecté de toute chose, à jamais ailleurs — absent, autant à son absence, qu'à son rêve de présence. Alors, il pourra peut-être sortir de ce tourniquet de l'être et du néant qui verrouille l'exil en l'emprisonnant dans un monde de rêves et de simulacres où l'obscène et la métaphysique se tendent étrangement la main…

4 — Chant du nihilisme

La dilution de l'exil dans le nihilisme

Le monde moderne nous isole dans un exil encore plus radical que l'exil originaire, en atomisant et schizophrénisant un individu désormais incapable de s'auto-déterminer à partir de lui-même, en l'enfermant dans un monde tantôt éclaté, tantôt gluant de certitudes. En tant qu'il instaure précisément le règne du « Rien », où l'absence et la profusion de sens s'annulent en produisant une vacuité chlorophormisée, notre siècle se déploie tout entier sous le signe du nihilisme.

Mais que devient donc l'exil pensé à partir du nihilisme ? Il devient, précisément : Rien. Rien : à force d'être devenu la seule réalité, il s'est évanoui lui-même, l'homme ne sachant même plus qu'il vit en exil. Il s'est comme évanoui et dissous à l'intérieur des multiples artefacts sociaux qui lui ont permis de se réaliser : circulant sans fin sur les autoroutes, enserré dans un maillage social toujours plus contraignant, maintenu rivé à son foyer et à son poste de télévision, l'homme moderne circule dans un espace exilique pré-fabriqué, sans même s'en apercevoir.

Comment faire face à une telle dilution de l'exil dans le nihilisme ? Il est toujours possible de rêver qu'on peut revenir en arrière afin de retrouver l'exil originaire. Mais n'est-ce pas réactualiser alors tous les rêves d'une nature bienfaisante dans laquelle on retrouverait enfin sa place ? C'est dire si, finalement, on passe à côté de l'exil qu'on cherchait à réhabiliter originairement.

Il est nécessaire de penser plus profondément phénomène du nihilisme. Décrochant l'homme en dehors de la sphère du sens, il produit bien un décentrement et une errance radicale qui sont propres à la pensée exilique. Advenant en général dans des périodes de décadence et de déclin d'une civilisation, il offre la chance inouïe d'échapper à l'univocité des codes qui s'imposent habituellement à une collectivité : à part les retardataires de la pensée qui se figent sur d'anciennes croyances moribondes, plus personne n'est dupe et n'ose croire en de grandes vérités éternelles. Ce qui manque toutefois, c'est une prise de conscience positive de cette absence, qui seule permettrait de penser une nouvelle errance non plus subie, mais voulue et pensée comme nouvelle stratégie de décrochage perpétuel. C'est pourquoi, loin de s'opposer au nihilisme en y voyant un danger, il faut le pousser à bout afin qu'il devienne une démarche active et voulue, permettant de déboucher sur le nouveau Midi d'une pensée enfin débarrassée de toutes ses antiques scories.

Face à l'exil éclaté et atomisé dans lequel la société nous maintient, il est donc vain de vouloir revenir à un état antérieur. Assumer au contraire cet exil et le nihilisme qui en découle, telle est bien la démarche qui préside à ce livre et que nous résumons en disant qu'il faut creuser l'exil de l'exil jusqu'à faire surgir de nouvelles voies dans lesquelles se dessinera à nouveau une nouvelle figure et une nouvelle pratique de l'exil — en dehors de l'exil de l'exil auquel condamne notre société moderne.

Accepter le nihilisme implique d'accepter, d'emblée, le monde moderne dans lequel on vit, d'arrêter de pleurer sur le fantasme d'une antique vie en symbiose avec la nature, d'aimer et chanter au contraire la vitesse et le spleen, les highways et l'artifice de notre monde de béton.

Oui, nous sommes les enfants d'un siècle d'artefacts et de simulations. Entourés de gadgets électroniques, dépendant d'un univers technique qui s'est insensiblement substitué à la nature, nous n'avons plus de contact avec cette dernière. Mais si, justement, grâce à cela nous étions désormais libérés de la croyance selon laquelle l'homme a sa place dans le cosmos ? Si, d'emblée, cela nous permettait de comprendre que nous sommes des étrangers qui n'habitons nulle part ? Si cela était l'occasion d'expérimenter une nouvelle pensée ludique voyant en l'homme un simple jouet errant au gré du hasard et de ses désirs, dans le circuit sans fin de la nouvelle technopolis ?

On le devine : dans le chant assourdissant et la cacophonie généralisée du nihilisme, il est possible de se mettre à l'écoute des bruissements de l'exil — qui, comme des parasites, constituent un bruit de fond témoignant des lignes de fuite et de décrochage toujours possible du système. Notre civilisation, de même, est en crise, sur le point d'agoniser. Est-ce un mal ? Je serais plutôt tenté d'y voir une chance pour les autres civilisations que l'Occident se soumet en les pillant et qui parviendront peut-être à faire oublier les terribles délires des hommes blancs. Menacée d'un holocauste nucléaire, la Terre pourrait même y trouver son salut !

Et même pour ceux qui, comme nous, vivons à l'intérieur de ce monde occidental qui ne cesse de se décomposer en se dissolvant dans une vacuité vertigineuse, n'y a-t-il pas là une chance inouïe ? Car l'exemple de la Rome impériale est là pour nous le prouver : les périodes de chaos et de décadence sont, paradoxalement, les plus riches de l'histoire. Face à l'absence d'un code unique, pullulent alors des milliers de théories et de sectes toutes plus folles les unes que les autres ; partout, des micro-collectivités s'installent dans les failles et les interstices d'un système en décomposition, permettant de construire autant de laboratoires dans lesquels s'expérimentent de nouvelles valeurs et de nouvelles modalités de la vie collective. Les scandales succédant aux scandales amènent enfin à se libérer du Politique et à ne plus le considérer qu'avec dérision ; les grand-messes de la pseudo-démocratie elles-mêmes n'échappent pas à la règle : on va désormais voter comme les anciens Romains allaient au Cirque : pour la mise à mort ou la sanctification éphémère d'un héros qu'on tuera le lendemain, après avoir assisté à la mascarade des Jeux. Jamais, autant que dans une période de décadence, on n'assiste à une telle prolifération chaotique de forces anarchiques — qui sont autant de trajectoires possibles pour une pensée active de l'exil nihiliste.

L'homme ne s'appartient plus, ne se possède plus.

Et alors ? Si cela pouvait permettre d'espérer en la construction d'un nouvel homme qui fasse enfin, une fois pour toutes, le deuil de l'unité et de la nature humaine ? Un homme qui, conscient de son éclatement et de son absence de cohésion ou de centrage sur lui-même, se contenterait de n'être plus que la libre errance sur les flux du monde et du social, étant tel pour devenir immédiatement autre. Un tel homme ne découvrirait-il pas une nouvelle palette aux possibilités infinies ? Et n'est-ce pas un tel projet, assurément dément, qu'avait Nietzsche lorsqu'il osa créer ses deux concepts opposés du « dernier homme » et du « surhomme » ?

Toute avancée du nihilisme peut, ainsi, être l'occasion d'une nouvelle pratique de l'exil qui, en la poussant à bout, cherche à le faire déboucher sur un éclatement et donc une ouverture, un branchement sur d'autres flux. Car le trésor unique que contient le nihilisme de la décadence est bien celui-ci : proposer, grâce à son relâchement des codes, une infinité d'errances et de trajectoires de fuite possibles. Il s'agit uniquement de savoir les repérer, de s'engager sans peur sur ces chemins non encore élagués, avec l'esprit du guerrier nomade. Alors, ils deviendront des chemins — des voies permettant d'errer sans fin au sein de ce vaste monde, sans s'arrêter ni s'accrocher nulle part.

Chapitre 2

L'ART DU GUERRIER

1 — Le retour pratique de l'individualisme

Avant de mener un combat, il faut prendre des armes. Tant qu'à faire, les emprunter à l'adversaire, pour combattre sur un pied d'égalité.

Telle est la deuxième tâche préalable à cette pratique de l'exil : chercher quelles armes on peut récupérer, pour se préparer à affronter l'adversité sur le terrain qu'on se sera choisi préalablement.

Réintégrations 1

Ne pas confondre la critique du sujet et la nécessité de l'individualisme.

Le sujet n'existe pas. Il faut donc éviter de tomber dans les pièges et les illusions qui amèneraient à croire qu'on a vraiment une personnalité, qu'il faut cultiver les potentialités merveilleuses de son ego, etc. — autant de miroirs aux alouettes pour un siècle et des personnages précisément sans personnalité.

Pourtant, cela n'empêchera pas de recourir à l'individualisme comme arme critique pour combattre l'exil de l'exil et la schizophrénisation de la société moderne : si nous sommes de plus en plus atomisés et isolés, eh bien ! accentuons encore cette dimension en faisant croire qu'effectivement nous sommes des individus uniques, qui avons nos droits inaliénables !

C'est seulement ainsi, en poussant à bout le morcellement moderne et la fausse croyance en l'individu subjectal isolé, que nous parviendrons à retrouver le souffle authentique et combatif de l'individualisme. Car ce dernier, en posant qu'en l'absence de tout fondement on est soi-même son propre refuge et juge, est profondément subversif : il invite à rejeter les tutelles de l'ordre social, à ne jamais rien tenir pour acquis. Il est le début même de la voie du guerrier à condition de ne pas tomber pour autant dans le subjectivisme et l'erreur de croire qu'après avoir critiqué et rejeté tout ce qui est arbitraire autour de soi, on est au moins, soi-même, quelqu'un. Mais là encore, le Bouddha tel que compris par Alexandra David-Neel nous montre la voie : ne prône-t-il pas la voie de l'individualisme radical, invitant à ne compter que sur soi pour son salut en rejetant le système social des castes de son époque, tout en enseignant sans relâche l'impermanence et l'illusion de l'ego ?

Réintégrations 2

Le champ du politique est bien l'anti-humain par excellence. Nous l'avons montré précédemment : sa seule fonction est d'organiser des flux, de constituer des croyances communes, de privilégier des sentiments collectifs anonymes comme la philia grecque ou l'enthousiasme canalisé dans une foule. Jamais il ne s'adresse à l'individu comme individu, qui ne l'intéresse pas, et dont il ne souhaite ni le bonheur ni le libre épanouissement.

La politique n'étant qu'une immense machinerie destinée à régulariser le champ social, il créera toujours en « retour » des réactions d'individus cherchant à se réapproprier le domaine social à partir de leur exigence individuelle et de leur désir de convivialité ou de transgression.

L'éthique qui décrit la manière dont chaque individu va se déterminer par rapport aux forces du monde extérieur, mais aussi la morale qui énonce les principes à partir desquels chacun justifie ses actions par rapport aux autres, apparaissent dès lors comme des champs qui peuvent être réinvestis par une pratique active de l'exil : ils renvoient en effet à la manière dont les individus réagissent en cherchant à se réapproprier les forces et les principes qui s'imposent à eux, en les intériorisant ou en les rejetant. En permettant à chacun de se distancier du politique et de se poser comme sphère autonome productrice de sens et de valeur, ils favorisent sans s'en rendre compte un individualisme militant — préfigurant le moment où l'individu osera s'affirmer comme seul juge de ses actions, en dehors de toute influence du social.

En ce sens, ces antiques disciplines, traditionnellement au service de l'ordre établi, peuvent devenir des instruments de subversion et des laboratoires où se prépare une praxiologie authentique de l'exil…

2 — Les trois maximes du guerrier

Armé de ces quelques armes récupérées à l'adversaire, le guerrier peut se mettre à l'œuvre.

Mais qu'est-ce qu'un bon guerrier ? Et qui est le guerrier ?

1°- La vigilance, ou l'attention à l'idiotie

« *L'Attention au monde et aux autres* », comme le dit Rosset.

Mais si le monde, le réel, est simple, idiot (« idiotès »), unique et sans message, quels trésors d'attention doit-on déployer pour redevenir l'« idiot » attentif de Shakespeare, en demeurant en même temps le guerrier toujours prêt ?

Avant d'être transformé en idole, le Bouddha, qui ne renia jamais sa culture et sa naissance royale, fut l'un des plus grands guerriers : il combattait par l'immobilité ; il cherchait un nirvana dont il ne pouvait rien dire, car le nirvana n'est pas autre chose que... l'essence de l'idiotie.

Bouddha était un suprême idiot ; ses disciples ne visent qu'à retrouver le divin état de simplicité extrême qu'aucun flux mental ne vient perturber dans sa perception de la réalité.

Pour être guerrier, débarrassez vous de tous les horipeaux de la culture et du mental, prenez l'idiot du village et son attention aux choses comme modèle. Devenez idiot, « idiotès », aussi idiot que la réalité. Car vous avez besoin de le sentir et de le comprendre pleinement pour y agir.

2° Épier, ou la décomposition des événements

Un bon guerrier ne se contente pas de regarder. Il épie, il surveille, il traque sa proie, suit les moindres de ses mouvements. Pas de vainqueur, pas de mise à mort sans connaissance intime de l'ennemi.

Le guerrier est le premier à avoir compris que voir le réel ne suffit pas. Ou plutôt que, pour le voir, il faut un esprit critique terriblement aiguisé, échappant aux mille pièges de la vie, sachant déjouer les obstacles et les embûches qui se dressent devant lui, et surtout prévoir les plans de l'autre.

C'est la leçon que de modernes philosophes ont retrouvée avec le concept de généalogie : cherchez toujours comment les choses se sont produites, leur émergence : suivez vos sentiments à la trace, repérez leurs flux et leurs intensités, mais aussi ceux des « autres » que vous croisez dans la vie.

C'est aussi la leçon qu'avait enseignée le Bouddha : il ne suffit pas de se dire que le réel est simple et qu'il suffit de le vivre. Pour arriver à cette fin, il faut sans cesse pister les menées du Moi et du désir de figement de l'être, les débusquer inlassablement, en reconstituant la généalogie de tout vécu. Tel était le *pratityasamutpada*, deuxième pilier complétant l'attention et invitant à décomposer sans cesse, de manière généalogique et critique, tout ce qu'on vit.

3° Tuer, ou l'art de déconstruire

Un guerrier n'a pas peur métaphoriquement de tuer. De trancher. Car il sait que, sinon, c'est lui qui sera tué. Ne jamais oublier cette terrible leçon de la vie : pour vivre, il faut tuer. Faire place nette en soi.

Dégager un espace pour la vie, une nouvelle ère pour la pensée, ne peut se faire sans déconstruire ce qui précède, sans mettre à bas et détruire. Toute destruction est la condition sine qua non du nouvel ordre à venir — le reste n'est qu'aménagement de ce qui existe déjà.

Même le Bouddha invitait à tuer : sous l'arbre de Mara, ce fut un combat sans merci ; et un manuel de méditation bouddhique est plein de meurtres à effectuer contre telle ou telle pensée qui surgit. La véritable non-violence physique, qui empêche de tuer des êtres vivants quels qu'ils soient, est la quintessence même de l'esprit du tueur : car celui qui, comme Gandhi, la pratique réellement, sait qu'effectivement le combat et le meurtre se déroulent ailleurs — lui-même étant le champ de bataille (Baghavad).

4° De la chasse aux faux guerriers, ou les pièges de la guerre partielle

Ce qui précède doit suffire pour écarter trois prétendants qui usurpent souvent le titre de guerrier, en s'en tenant à un seul des principes cités.

Ainsi, celui qui prétend voir les choses telles qu'elles sont, en refusant toute explication profonde puisque le réel est simple et « idiot », ne connaîtra hélas jamais la profondeur du combat généalogique : il sera, certes, « idiot », mais superficiel — ce qui est le destin le moins enviable qu'on puisse souhaiter pour un guerrier ! Sautant à pieds joints dans l'absolu-réel, il demeurera prisonnier de tous ses pièges, par souci de ne pas chercher généalogiquement à s'interroger sur le monde illusoire des arrière-pensées et des mirages auxquels il succombera fatalement. Il demeurera enchaîné et impuissant — un enchaîné vivant, sentinelle « voyante », mais condamné à ne jamais quitter son poste pour participer à la bataille…

Il en va de même pour celui qui passera de la pratique de la généalogie à celle du soupçon généralisé. Car, à force d'être constamment à l'affût, on se met à soupçonner toute chose. Dérapage paranoïaque, qui fait déchoir le guerrier dans le rôle du dictateur totalitaire qui veut tout contrôler, tout prévoir. Marge souvent incertaine : par rapport aux généalogistes que furent Nietzsche et Schopenhauer, Freud en psychologie et Marx en politique n'annonçaient-t-ils pas déjà « l'ère du soupçon » et les reconstructions totalitaires rapportant toujours la parole de l'autre à « autre chose » ?

Détruire. Caligula et les fous sanguinaires moins brillants, assassins ou poseurs maniaques de bombes, se contentent, quant à eux, de défrayer la chronique quotidienne des faits divers. Ils demeurent prisonniers de la seule ivresse de la destruction, appliquée aux autres, sans discernement critique ni attention à soi. Hélas ! Ils étaient si près d'être des guerriers, si près d'un acte enfin fort et authentique, qui les aurait amenés à se dépasser — il a fallu encore qu'ils se perdent à le concrétiser dans la matérialité la plus obscène !

3 — Pratiques du guerrier

Le moderne guerrier se doit d'être insaisissable. Nomadisant, s'échappant toujours des lieux qui pourraient l'enfermer, se comportant de façon à ne jamais être réifié par le regard d'autrui, et encore moins prévisible par lui-même. Il ne suit que l'itinéraire libre de son errance sans but, toujours prêt à saisir une proie insaisissable. N'était-ce cette dernière différence, il faudrait bien qu'il ressemble de loin à ces terroristes qui menacent de déstabiliser nos démocraties et qui se glissent sans cesse dans les interstices du filet policier qui essaye de les repérer.

Mais la ressemblance est trompeuse. Le guerrier est un terroriste qui n'a même plus besoin de faire exploser des bombes : lui-même se contente de faire exploser, à tous moments, sa vie. Ou plus exactement, il n'est autre chose que la vie qui fait exploser les barrières et les digues de normalisation que l'existence est sans cesse amenée à dresser contre le sentiment d'exil. C'est là que réside sa plus grande différence par rapport au terroriste : sa force est une force de vie qui fait exploser les cadres, mais en soi, sans besoin de semer à l'extérieur la mort et la violence « obscène », sans besoin de se mirer dans le spectacle de foules et de corps déchiquetés. Sa violence n'en est pas moindre ; nous serions même tentés de penser qu'elle en est d'autant plus forte et cruelle.

Dans ces conditions, on comprend mieux l'étrange et terrible fascination que chacune de ces deux figures exerce sur l'autre : le terroriste n'a pas su intérioriser la violence, mais réciproquement le guerrier peut apparaître comme un terroriste n'osant pas passer à l'acte. On comprend les nombreux dérapages tragiques qui ont pu se faire, dans un sens ou dans l'autre…

- La relation à autrui

Est-il possible de se comporter avec autrui en conservant le sentiment inéluctable de la gratuité de la relation elle-même, de son absence de fondement radical ?

Autrement formulé, cela reviendrait à la question suivante : est-il possible d'aimer, sans jamais s'attacher, et en demeurant toujours empreint d'un sentiment de fragilité et d'inconsistance de toutes choses ? Est-il possible de se donner pleinement dans une relation, tout en demeurant non seulement à jamais insaisissable (ce qui demeure a priori toujours facile), mais aussi en ne s'attachant jamais et ne prenant rien comme « allant de soi », donné une fois pour toutes ? Bref, en faisant comme si chaque jour, chaque heure passée avec quelqu'un, était tout à la fois la première et la dernière, renouvelant sans cesse la fraîcheur et la pureté du commencement, mais aussi la profondeur et la gravité détachée du dernier moment.

Question gigogne, car renvoyant immédiatement à autre chose : pour qu'une telle attitude soit pleinement réalisée, il faut se débarrasser de toute image a priori de l'autre, ne percevoir ses actes, pensées et sentiments, que comme de fragiles haïkus et tableaux auxquels le souffle incertain de l'instant présent donne un contour fragile, qui va tout aussitôt se déformer pour laisser parler une autre forme, une autre existence. Il faut tout à la fois être chasseur d'image, à l'affût des formes en gestation, et en même temps empêcher leur figement et fixation en tableau qui serait déjà une trahison de la vie — il faut, s'il fallait parler le langage des photographes, en rester au tirage « négatif », permettant d'obtenir la trame inversée d'un moment, mais sans jamais tirer d'épreuve finale…

Mais qu'est-ce à dire, si ce n'est que finalement il faut chercher un nouveau comportement amoureux et passionnel erratique ? Cela ne signifie pas la simple médiocrité de la vie sociale éclatée actuelle : il ne s'agit pas de vivre à la surface des choses, en glissant d'une relation à l'autre sans jamais s'engager nulle part, en préservant toujours soigneusement les barrières de son petit « moi » et en cherchant sans fin des traces susceptibles de conforter son narcissisme infantile dans le regard d'autrui, mais de pousser ce mouvement à bout, en en gardant la libre errance et le non-attachement, et en l'investissant de toute la force et de toutes les exigences d'un désir d'absolu, purement guerrier. Ce qui nous renvoie ultimement, à cette troisième forme d'exil sous le signe duquel notre livre se place : il s'agit de réaliser une percée, hors du médiocre exil de l'exil que chacun s'aménage dans les structures pesantes de l'habitude, sans pour cela revenir à un authentique exil originaire qui se trouverait comme par hasard du côté de la Tradition.

L'exil redoublé que la praxiologie ouvre ne peut être décrit à l'avance : il s'inventera en poussant toujours plus loin les tendances nihilistes modernes, mais dans une soif infinie de « toujours plus »...

La traversée sociale

Ou encore : peut-on se comporter et vivre dans le monde d'aujourd'hui, de façon à ne jamais s'attacher nulle part, en parcourant anarchiquement les réseaux associatifs et professionnels qui cherchent à vous fixer, de manière transversale ?

Cette nouvelle attitude, c'est l'éclatement des sociétés modernes qui permet de la faire éclore, telle une fleur poussant sur le fumier de sa décadence. Car, avec des emplois toujours plus parcellisés et morcelés, temporaires et changeant de nature, les individus modernes sont invités eux-mêmes à nomadiser au gré des hasards et de leur propres désirs.

Par rapport aux sociétés traditionnelles où chaque rôle social est défini de manière stricte, une fois pour toutes, notre société éclatée favorise les parcours erratiques, souples et ouverts. Même si une telle organisation du travail profite éminemment à la société à un niveau immédiat (rentabilisation et souplesse de l'emploi), il n'en demeure pas moins qu'elle favorise en même temps à plus long terme un esprit individualiste contenant en lui tous les germes an-archiques de destruction sociale. C'est du reste ce qu'ont très bien compris tous les décalés, flottants et marginaux qui, de plus en plus, s'installent et campent dans les interstices du champ social, sans plus rien chercher de cohérent ou de significatif dans une quelconque « carrière » ou profession — en produisant par là même un non-sens salvateur au sein du social qui se dévoile soudain nu et sans intérêt.

Un tel décalage et un tel déphasage ne font, eux aussi, qu'inviter à exacerber l'exil de l'exil auquel condamne la société atomisante moderne : acceptez la contingence de nos sociétés, mais poussez-la à un point tel que c'est l'ensemble de la structure sociale elle-même qui se révèlera, du coup, fragile et parfaitement inconsistante ! Profitez des espaces de liberté, aussi illusoires soient-ils, non pas pour revenir à un illusoire état naturel et écologique de liberté, mais pour inventer, au coup par coup, de nouvelles pratiques sociales de vie qui se font délibérément « à côté » des structures existantes...

Le parcours individuel du guerrier

Mais un tel programme ne serait lui-même pas complet, s'il n'impliquait le guerrier en son for le plus intérieur. Car c'est à lui-même que le guerrier doit apparaître comme quelqu'un d'étranger — comme une énigme à jamais irrésolue, ainsi que l'exprima si bien le dernier roi de Bavière avant de se suicider : soyez à vous-même votre propre énigme, même si cela doit être au prix de la folie que vous serez fatalement amené à côtoyer...

C'est en effet par rapport à lui-même que le guerrier doit être capable de même ne jamais s'attendre à un comportement habituel. A un premier niveau purement négatif, cela peut impliquer de lutter contre toute la pesanteur des habitudes quotidiennes : remplacez le café par le thé, le bain par la douche, bouleversez vos horaires et vos points de repères, prenez même le pli de réagir tantôt comme un tel, tantôt comme tel autre, plutôt que de rester figé dans une attitude.

Mais il ne s'agit là que d'exercices préparatoires qui doivent ouvrir à une nouvelle et autre vision de soi, débarrassée de tout image précodée, et laissant ouvert à une telle disponibilité qu'aucune règle a priori ne peut permettre de prévoir la manière selon laquelle vous déciderez d'agir, et donc de jouer avec l'existence. Il s'agit, en cultivant cette disponibilité et cette imprévisibilité, de s'affranchir de la carcasse du moi illusoire et unique que vous aviez cru être, pour emprunter mille autres nouvelles formes possibles. Ou encore de refuser tout enfermement pour s'ouvrir à l'indistinction toujours neuve des possibles qui peuvent s'offrir à tout moment.

Dans un tel contexte, dire : « Soyez à vous-même votre propre chasseur », veut donc dire deux choses : prenez-vous comme cible, c'est-à-dire comme proie à tuer dans tous vos désirs de figement et d'enfermement, mais aussi, guettez-vous, soyez à l'affût de vous-même pour toujours mieux varier vos stratégies d'existence — et non point, toujours pour vous renfermer dans le béat contentement narcissique de vous-même et de toutes vos pseudo-richesses…

Chapitre 3

COURT TRAITÉ DE LA FUITE

« On ne découvre des mondes
que par une longue fuite brisée «
(Deleuze)

Tant il est vrai qu'un guerrier ne se définit pas que par ses combats, mais aussi par ses refus de combattre et ses fuites.

Eloge de la fuite

Dans le film *Courage, fuyons* du cinéaste Yves Robert, Jeannette Colombel remarque que le héros fuit la routine, part sans savoir où ; non qu'il se trouve mal dans la réalité, mais parce que la rupture l'emporte sur la sécurité, l'inattendu sur l'habitude.

Peu de gens sont capables de comprendre que, face à une situation dans laquelle l'individu se sent soudain emprisonné, il soit possible de se décider à partir du facteur de la plus grande instabilité : quelle voie te permettra d'échapper au système qui est en train de se matérialiser et de se refermer sur toi ?

Ce principe est d'autant plus difficile à comprendre et à appliquer qu'il signifie, à chaque fois, un joyeux et douloureux déracinement par rapport au monde dans lequel on s'était réfugié un court moment. C'est pourquoi il doit s'agir d'une arme privilégiée du guerrier, mais qui elle-même doit être réservée aux seuls initiés capables de supporter le choc d'un déracinement et d'une fuite perpétuelle.

Fuir, non pas pour échapper à un quelconque mal-être, mais pour préserver l'espace de liberté et l'Ouvert des multiples possibles.

Ce projet, les beatniks sous l'égide de Kérouac furent bien entendu les premiers à le réaliser, en renouant avec l'errance des antiques renonçants indiens et en refusant de s'attacher à un quelconque lieu. Pourtant une différence fondamentale existait entre ces deux figures : alors que l'Oriental reployait ses feux en lui et abandonnait définitivement le monde, le vagabond occidental se contentait de transporter toujours avec lui son feu qu'il installait précautionneusement en des lieux différents.

De telles pratiques peuvent exister, à un niveau beaucoup plus quotidien et apparemment anodin, en disparaissant alors dans l'anonymat des micro-décisions qui constituent pourtant la trame d'une vie. Ainsi, ayant le choix entre deux activités et professions dans deux pays différents, on peut décider de privilégier celui qui permet d'échapper à une voie professionnelle toujours plus lourde et asphyxiante, puis l'année suivante faire l'inverse — uniquement parce que la nouvelle terre d'exil se referme à son tour dans le pré-visible. De l'extérieur, il n'y a qu'une errance négative, hésitation perpétuelle. Pourtant, de l'intérieur, il y a cohérence par rapport à un principe de fuite privilégiant le fait de ne jamais s'arrêter nulle part.

Choisir de telles voies est d'autant plus périlleux qu'on se heurtera toujours aux gens qui sont incapables de comprendre l'apologie du déracinement et qui essayeront de vous montrer que vous ne faites que vous fuir vous-même. C'est donc se condamner à une voie éminemment solitaire, comme l'avait bien deviné Deleuze lorsqu'il écrivait : « La ligne de fuite est une déterritorialisation. Les Français ne savent pas bien ce que c'est. Évidemment, ils fuient comme tout le monde, mais ils pensent que fuir c'est sortir du monde... ou bien que c'est quelque chose de lâche, parce qu'on échappe aux engagements et aux responsabilités. Fuir, ce n'est pas du tout renoncer aux actions, rien de plus actif qu'une fuite. »

Des stratégies de fuite et de leur usage

Pour favoriser une praxiologie positive de la fuite, le guerrier dispose de toute une panoplie de tactiques et de stratégies.

- L'arrachement à soi, aux autres, aux habitudes et à tout ce qui enracine en un lieu précis.

Vous vous sentez soudain à votre aise en un endroit précis ? Courage : fuyez !

- L'apothéose du déracinement : en reprenant ce thème à Chestov, il s'agit de privilégier systématiquement les expériences qui permettent un déracinement — décisions soudaines, imprévues, critiques radicales d'anciennes croyances etc.

Bref : une pratique, une croyance commence-t-elle à s'enraciner ? Déracinez-la, montrez l'absurdité de son fondement, faites-vous les fossoyeurs de tout ce qui prend racine dans un quelconque « Grund ».

• La recherche des failles et des interstices.

Toute pratique tendant à s'emmurer dans la répétition de l'habitude, toute croyance à se figer en système, la première précaution que doit prendre un guerrier sera de rechercher les failles et les béances par lesquelles il pourra, le moment opportun, s'échapper.

Contrairement aux jeunes cadres dynamiques bien dressés qui programment leur ascension sociale, ne cherchez pas les points de force d'un système sur lesquels vous appuyer pour avancer, mais au contraire ses points de faiblesse qui vous permettront d'échapper ! Ne cherchez pas le pli des choses, le pli de l'être ou de la chair comme le firent Heidegger et Merleau-Ponty qui, du coup, ne sortirent jamais de leur système, mais privilégiez comme Sartre les trous, les failles et les béances par lesquels l'insupportable liberté du « pour soi » échappera toujours aux emmurements de l'« en soi » !

• Le harcèlement.

Refusez de vous plier à la logique guerrière qui privilégie toujours l'attaque frontale et qui cherche à atteindre un but précis. A l'inverse, il faut préférer l'attaque imprévue. Ne faites pas la guerre, c'est un jeu bien trop sérieux et pesant !

Refusez tout affrontement direct et prévisible, où tout est question de logique et de rapport de forces, comme dans le jeu d'échecs, mais par contre, attaquez par surprise, ouvrez quarante fronts à la fois, jouez au stratège invisible du go, soyez un spécialiste de la guérilla et des raids éclairs !

• De l'art de l'imprévu :

De façon générale, ne soyez jamais où on vous attend, apparaissez là où on ne vous attend pas.

Cela s'applique, bien entendu, autant à vous qu'aux autres : soyez vous-même votre propre imprévu, surprenez-vous à être ailleurs.

C'est alors que vous pourrez comprendre les autres. Comprenez ce qu'ils prévoient, et faites autre chose. En n'étant nulle part, vous êtes partout.

• De l'art de l'invisibilité. C'est la conséquence logique : cultivez l'absence, soyez invisible, disparaissez, c'est ainsi que vous apprendrez à être et à fuir.

On l'aura deviné, la pratique de la fuite se donne comme objectif d'échapper au dilemme des armes défensives ou offensives. Il ne s'agit pas de chercher à se protéger grâce à des boucliers, des armures, des systèmes de défense toujours plus perfectionnés, pas plus que de partir à la recherche d'armes performantes et efficaces, non, l'art de la fuite réside précisément dans l'absence d'armes classiques : vos armes sont psychiques et mentales, elles dépendent de votre mobilité et de votre légèreté. Voyez léger, c'est la meilleure stratégie pour attaquer et fuir aussitôt que vous le souhaitez !

Du sens de la fuite

Pourquoi privilégier une telle fuite ? Pour échapper au système, certes. Mais qu'est-ce que cela permet d'obtenir ? De conserver l'ouverture de ses multiples possibles.

Il faut s'attarder quelques instants sur ce dernier aspect. En effet, prôner la fuite pour retrouver une pratique authentique de l'exil ne signifie pas qu'il faille préférer l'indéterminé à toute détermination et prise de forme précise. On réduirait alors l'exil à la dimension abstraite d'une liberté qui a découvert par la négative qu'elle n'est rien de tout ce en quoi elle s'engage, mais qui ne s'est pas encore donné de contenu positif — comme la liberté d'indétermination de Descartes ou la liberté éthique de Kierkegaard.

Or la dimension exilique met en garde contre toute croyance en un sujet « abstrait » et indéterminé, préexistant à ses choix ; elle prône à l'inverse l'action comme seul moyen de se réaliser et de faire apparaître un sujet lui-même évanescent, n'existant que dans le moment de son action. L'exil, en ce sens, n'apparaît pas qu'« avant », mais aussi « après » toute action, comme le rappel de la condition de non fondement de toute chose.

L'éloge de la fuite est, dans une telle problématique, le complément indispensable pour que l'exil originaire ne s'arrête jamais, même lorsqu'il se concrétise dans des actions, des projets, des réalisations. Si la pratique du guerrier doit permettre de s'habituer à voir le monde sous son aspect exilique et non fondé, l'usage de la fuite doit en être le complément, pour conserver la fraîcheur du regard naïf et émerveillé de l'enfant.

Tel est donc le sens profond de la fuite : elle est l'arme grâce à laquelle l'exil peut toujours se reprendre lui-même pour s'arracher à toute tentation de figement et d'oubli de son mouvement erratique, l'arme qui permet à la liberté d'agir et de se déterminer sans arrêt, mais sans se figer pour autant dans le monde de l'être et des certitudes.

Croisement avec les stratégies de l'esquive et de l'absence

L'éloge de la fuite que nous avons écrit s'inspire des lignes de fuite deleuziennes.

Mais, paradoxalement, Baudrillard, qui s'oppose toujours à ces dernières, nous semble prôner les mêmes processus de dissimulation et d'esquive, de fuite et de stratégie du « nulle part », la différence étant qu'il les investit en plus du signe de la séduction et de la métamorphose du désir.

« *Stratégie de l'absence, de l'esquive, de la métamorphose. Virtuosité de substitution illimitée, d'enchaînement sans référence. Dérouter, placer des leurres qui dispersent l'ordre des choses et du réel, qui dispersent l'ordre du désir… Déplacer légèrement les apparences pour atteindre au cœur vide et stratégique des choses. C'est la stratégie des arts martiaux : ne jamais fixer frontalement l'adversaire ni son arme, mais voir, à côté, le point vide d'où il s'élance…* »

Un tel texte croise les perspectives de notre « art de la fuite » qui permet ainsi non de réconcilier, mais de se faire rencontrer les perspectives de Deleuze et de Baudrillard.

Mais plus encore, ce texte est intéressant du fait qu'il lie directement la problématique de l'esquisse déroutante, à un art du guerrier qui n'est pas sans rappeler Castaneda et nos injonctions : soyez un guerrier nomade, insaisissable, toujours ailleurs que là où on vous attend.

Dans la suite du texte, la surprise s'accentue : car en poussant cette piste à bout, Baudrillard en arrive à prôner une nouvelle pensée pratique quasiment stoïcienne réhabilitant la beauté indifférente du monde. N'y a-t-il pas là l'intuition selon laquelle la sortie de l'exil subjectal et schizophrénisant de notre société se fera par une pratique du guerrier et de l'insaisissable qui débouche finalement sur une nouvelle vision du monde ?

Chapitre 4

L'APPRENTISSAGE DE LA VISION

Qu'il se batte ou choisisse l'esquisse, le guerrier doit apprendre à voir. Car la vision n'est pas donnée à tout le monde

Et la vision du guerrier n'est pas celle de l'homme quotidien.

Émergence d'une vision du monde

Quelle vision peut donc avoir le guerrier qui nomadise, insaisissable, dans les déserts des villes ?

Quelle vision, s'il tente de ré-inventer une innocence qui ne soit plus celle du « simple d'esprit », mais celle du « simple regard » laissant être les choses ? Comment le monde apparaît-il ?

C'est d'abord et avant tout la vision d'un monde « sans ordre raisonnable ». La ville en est le meilleur signe : on peut essayer de trouver un ordre se cachant derrière son désordre apparent ou encore vouloir retrouver les intentions cachées et les multiples plans donnant une ossature. Mais la seule leçon qu'on en tirerait, c'est justement celle de l'écart existant entre ce qui a été prévu ou voulu, et ce qui a été réalisé — écart dans lequel s'est engouffrée la vie, développant ici des marchés et des quartiers résidentiels luxueux, là des quartiers tortueux et populaires où la pauvreté est venue s'accrocher pour survivre, et encore ailleurs des no man's land de fortune.

La nature présente le même caractère « déraisonnable » aux yeux du guerrier. Car rien, dans la vie de la nature, dans la jungle de la lutte pour l'existence, ne peut justifier d'un « ordre raisonnable ». Pourquoi, rationnellement, un animal aurait-il besoin d'en manger un autre, ou telle espèce de végétation aurait-elle besoin de s'étendre aux dépens d'une autre ? Cela ne veut certes pas dire qu'il n'y a aucun ordre dans la nature, mais que ce dernier est toujours second, résultat d'un fragile équilibre construit sur fond de luttes incessantes et de développements chaotiques. C'est d'ailleurs ce qu'ont bien vu les cosmogonies primitives qui mettent toujours le désordre à l'origine du monde, l'ordre des choses n'en émergeant que lentement, et demeurant toujours éphémère…

Ainsi, non seulement le monde est sans ordre raisonnable, mais de plus il est empli de bruit et de fureur, comme l'écrivait Faulkner, plein de violence et de cruauté. L'existence de la violence, l'inéluctabilité métaphysique de la cruauté, en sont la conséquence — et il faut être un citadin, un civilisé aux sens étrangement émoussés pour rêver d'un monde d'où auraient disparu toute violence, tout désordre, tout débordement voire toute guerre. A l'inverse, le guerrier, qui sait que la loi de la vie est dans ce désordre violent, compose avec cette cruauté primaire, l'assume et sait faire front.

Tel est donc le premier caractère sous lequel se dévoile le monde : sans « ordre raisonnable », plein de désordres perpétuels reflétant les multiples poussées de la vie, plein de violence et de cruautés sur lesquels se construisent d'instables équilibres.

Corollaire immédiat : le monde n'est pas ordonné, mais chaotique.

Au regard qui veut se rassurer en contemplant un ordre fixe ou un ordre en cours de construction, répond la vue perçante du guerrier qui, derrière ces arrangements apparemment stables, cherche toujours les traces du mouvant chaos informel qui continue de sourdre et d'animer la vie... Il faut s'habituer à voir le monde sous son aspect le plus sauvage, le plus chaotique, le plus violent et le plus cruel, car c'est de ces soubresauts et de ces mouvements an-archiques qu'émergera une configuration précaire. Il faut redonner au chaos sa place pour retrouver la liberté et l'errance des multiples possibles...

Autre facette de la même réalité, autre conséquence, lorsqu'on radicalise une telle vision : le monde est, véritablement et intrinsèquement « sans raisons ». Non seulement aucun ordre raisonnable ne peut s'y constater, mais de plus tout ce qui s'y passe se fait sans raisons réelles, au gré des impulsions du moment, au hasard des rencontres parfaitement accidentelles qui peuvent se nouer ou se dénouer. De même, tout acte y est purement gratuit, en ce sens qu'il n'y a aucune raison qu'il produise tel ou tel effet.

Il est vain de chercher une quelconque raison pour s'expliquer pourquoi l'on vit telle ou telle chose et encore plus vain de vouloir trouver un quelconque sens à la vie ! Il faut définitivement faire le deuil de toute raison. « Nul n'entrera ici s'il n'a déposé sa raison à la porte », pourrait-on inscrire au fronton de notre anti-académie platonicienne…

Agir dans un tel monde, c'est de même ne pas être dupe du jeu purement gratuit auquel on participe et dans lequel il n'y a aucune raison pour que l'on soit récompensé parce qu'on a mieux joué. On peut chercher ce qu'il faut faire pour obtenir le résultat souhaité, mais en sachant, comme au loto, que le dernier mot reviendra au hasard, et que rien n'est jamais sûr…

Si la raison ne domine pas le cours des choses, à l'inverse, c'est le hasard qui le régente — hasard des rencontres qui ne sont jamais nécessaires mais toujours accidentelles, hasard qu'il faut savoir capter, auquel il faut être d'autant plus attentif que c'est lui qui, justement, ouvre toutes les possibilités d'action et d'intervention.

Clément Rosset a, le premier, montré combien il était nécessaire de réhabiliter les penseurs de l'antiquité qui, tel Lucrèce, étaient des penseurs du hasard, mettant ce dernier au centre de toute chose et faisant de cette idée un « anti-concept » qui déstabilise tous les autres concepts, empêchant de s'arrêter jamais sur aucune certitude…

Soumis au hasard, le monde présente dès lors un caractère profondément unique.

Chaque événement, chaque être, y représente une unicité radicalement « autre » toujours renouvelée et différente. Ce n'est qu'arbitrairement qu'on regroupe sous le même vocable deux êtres ou même deux feuilles : les conditions qui les font advenir à l'existence sculptent d'emblée leurs différences et font qu'elles ne seront jamais identiques. C'est ce dont les poésies haïkus témoignent magnifiquement : à l'inverse des philosophies occidentales réductrices qui partent à la recherche du « général », la parole authentique consiste à essayer de dire l'unicité absolue d'un événement ou d'une fleur, en témoignant de l'aspect singulier et évanescent qui est le leur.

C'est aussi ce qu'expérimente quotidiennement le guerrier : il ne peut prétendre vaincre un adversaire qu'en étant sensible à la manière spécifique qu'il a de combattre, en cherchant ses points forts et ses points faibles, en devinant son caractère particulier. Cette unicité de chaque manifestation de la vie est le vrai mystère de la multiplicité de l'existence, la source originaire de l'étonnement philosophique et de l'anarchie, qui prônera toujours les droits de l'« unique et sa propriété ».

Sans raison ; soumis au hasard ; unique en ses manifestations ; chaotique en ses gestations — mais un monde qui se révèle sous ces traits est-il encore un « monde » ? Le vertige ne menace-t-il pas celui qui veut voir le monde de cette manière ? Certes, mais en même temps cette vision est celle qui permet d'être le plus attentif aux multiples mouve-ments du monde, en s'y adaptant et en goûtant à la diversité infinie de ses multiples saveurs. De plus, nous l'avons déjà dit, voir le monde de cette manière n'empêche pas d'essayer de reconstituer les chaînes du hasard qui produisent tel ou tel assemblage — au contraire : cela doit permettre une vision généalogique d'autant plus fine et sensuelle de la réalité…

Le refus des substantifications de la vision

Mais ce monde, autre objection possible, n'est-il pas une lubie d'emblée contredite par les vérités scientifiques qui montrent qu'il existe bien un ordre, des relations répétables, voire des lois ? Non, car à vrai dire le monde que nous voyons n'est pas celui de la science, c'est celui d'un mouvant chaos d'où, ensuite, émergera un ordre que la science tentera de modéliser et normaliser…

Il s'agit donc de se promener dans le monde en se rendant sensible à tout ce qui, sans cesse, éclôt, dans l'unicité d'une forme qui, à peine esquissée, déjà se défait, s'évanouit pour laisser place à une nouvelle configuration qui prend naissance.

Il s'agit, pour celui qui veut parler, de rendre le langage aussi silencieux que possible, de façon à le contraindre à écouter ces rumeurs et ce bruissement sans fin de la vie, d'inventer un langage qui, tel celui de Trakl, se dissout à la suite des images qu'il n'a que le temps d'esquisser, de rendre le langage attentif aux mille circonstances quasi imperceptibles qui font advenir telle forme, puis telle autre.

Une telle vision du monde se distingue ainsi radicalement de la perspective scientifique, en mettant la parole au service de l'unique et du singulier, là où la science rend compte des choses en les faisant entrer dans les catégories générales et universelles d'un langage fonctionnaliste.

Une telle vision se distingue aussi des représentations irrationalistes du monde. L'irrationalisme commence avec la tentation d'abandonner toute rationalité, toute raison, lorsqu'on s'aperçoit que celle-ci n'est pas réellement dans les choses ; en ce sens, il représente la maladie infantile de l'exil, l'amertume désabusée qui est incapable de découvrir un nouvel usage à la raison.

Or, dire que le monde est « sans ordre raisonnable » ou encore plus radicalement « sans raisons », n'est pas pour autant chasser la raison du monde ; c'est plutôt, nous venons de le voir, subordonner la raison au mouvant chaos qui la fait naître, la remettre à sa place, en lui ôtant ses illusions et prétentions à représenter la norme régulatrice de la vie... Or, quoi de plus rationnel qu'une telle perspective ?

De la même manière, les perspectives pessimistes et schopenhauériennes de l'absurde trahissent la vision profonde du guerrier. En effet, si le monde se révèle à Schopenhauer comme animé par la finalité aveugle du vouloir-vivre, commandé par une nécessité implacable, l'absurdité dans cette perspective, c'est que finalement il y ait malgré tout de l'ordre. Ce qu'on peut reprocher à une telle vision, c'est de n'aborder le mouvant chaos que de manière négative, par le manque, les yeux rivés sur l'ordre, en ne comprenant pas que la vie puisse être si différente, et en la taxant pour cela d'absurde. Or, c'est l'inverse qu'il faut faire : inversant ce mécanisme et remettant les choses sur pied, nous montrons quant à nous l'aspect positif et ludique, merveilleux et unique, de la vie chaotique, par rapport à laquelle la raison et l'ordre ne sont que des fantômes desséchés...

La vision scientifique, l'irrationalisme, renvoyaient à la limitation de la raison. La vision absurde témoigne quant à elle du désenchantement du monde en résultant, lorsque soudain on s'aperçoit que la croyance même en un ordre quelconque est un leurre, car la vie se déploie à l'écart de tout ordre, de toute finalité. En ce sens, irrationalisme et philosophie de l'absurde sont les antidotes et les poisons que le guerrier doit toujours conserver avec lui pour désarçonner l'adversaire rationaliste et scientifique — mais ce ne sont que des armes propédeutiques, préparant l'ultime renversement qui ouvrira cette fois-ci sur une nouvelle vision positive du monde, en affirmant joyeusement la gratuité du jeu du monde et en savourant tous les délices.

Petit traité du regard

Une vision du monde ne concerne pas une vérité théorisable, pas plus qu'elle ne constitue une connaissance contemplative. Elle est tout entière Acte, acte perpétuellement recommencé, et qui nous apprend à voir le monde dans lequel nous agissons, d'une nouvelle manière.

Elle est indissociable en ce sens d'une pratique et d'une discipline qui doivent permettre au guerrier d'affiner toujours son regard. Apprendre à voir, exercer son regard, affiner sa perception : telles sont les nouvelles pratiques du guerrier que nous allons maintenant analyser.

Voir

Voir le monde à la manière poétique d'un guerrier requiert une longue pratique, implique des attitudes et des comportements spécifiques.

- De la vision sans tête

Voir le monde, en dehors de son propre regard ; ou plus exactement, s'inclure soi-même dans l'horizon de ce qu'on regarde, de façon à ce qu'on arrive ainsi à voir, en dehors de sa tête, d'une manière qui soit la plus large possible. Cet exercice est une des pratiques de base des moines Zen, et permet de s'habituer à voir en dehors de soi.

- Des techniques de vision

Toutes les techniques de déréalisation du monde (drogues comme techniques de visualisation et de dépersonnalisation) peuvent être bonnes, à partir du moment où elles permettent de s'arracher à la gluante adhésion au monde, en favorisant un sentiment d'étrangeté.

Mais elles ne sont bonnes que pour autant qu'elles ne font pas se perdre dans d'autres mondes illusoires, qu'on prendrait soudain pour de nouveaux mondes, plus vrais que ceux qu'on a quittés à grand-peine.

C'est, du reste, ce qu'avait bien vu Rimbaud : en prônant le dérèglement systématique des sens, il visait à rien de moins qu'à retrouver certaines « illuminations » dévoilant soudain le monde sous un angle différent, évanescent, unique et mirifique...

- Des visions sans yeux

Faites le vide, fermez les yeux, aveuglez-vous, et vous apprendrez à voir d'une nouvelle manière. Car sentir soudain la proximité d'une personne, écouter le silence et ses bruits, goûter les saveurs de votre corps et de ce que vous respirez, toutes ces impressions occultées habituellement re-surgissent alors avec force et, mieux encore, vous transforment en voyant. En pratiquant, avec suffisamment d'assiduité, vous réussirez vraiment à « voir », grâce à vos autres sens…

S'il fallait résumer : pour voir, il faut s'aveugler ; pour s'aveugler, il faut se soumettre à la déréalisation, en s'arrachant aux habitudes et à un monde devenu trop familier.

- Dessiller les yeux

Il faut savoir défaire les visions du monde dans lesquelles on risque toujours de s'engluer et de se figer.

Cela amènera, par exemple, à critiquer systématiquement toute « conception du monde » : elle ne sera jamais qu'un système de plus, qu'il faut savoir détruire. Non pas en montrant que cette conception est illogique ou pêche par on ne sait quelle faute rationnelle : il y a quelque chose de puéril à vouloir montrer la fausseté d'une vision du monde par un souci de rigueur rationnelle — comme si une pensée parfaitement rationnelle ne pouvait pas être fausse, comme si l'aspect logique d'une pensée suffisait pour la justifier, et son aspect illogique pour la déconsidérer ! Détruire une conception du monde se fait, plutôt, en montrant tout ce qui échappe au système, en faisant émerger tout le mouvant chaos que la pensée essaye désespérément de chasser et qui est pourtant « toujours là ». Il ne sert à rien de montrer que l'enchaînement des causes de Descartes ou de Kant peut être pris en faute ; mais il est plus intéressant de montrer comment toute leur philosophie est bâtie contre la peur du chaos, contre la peur de perdre pied.

Parallèlement, il faut s'habituer à ne jamais s'appuyer pour cela sur un point de vue ou sur une quelconque conception du monde de substitution. Car ne pas être identifiable, glisser dès qu'on essaye de vous mettre à un endroit déterminé, tel est le devoir du terroriste intellectuel qui doit se contenter de semer l'inquiétude dans les doctrines, de faire une apologie du déracinement, sans jamais proposer aucune croyance de remplacement à laquelle on serait trop content de pouvoir se raccrocher !

N'est-ce pas revenir aux positions des anciens cyniques grecs qui osaient affirmer sans fausse honte qu'ils ne « savaient pas » et qu'ils n'avaient d'opinion sur rien ? Dans notre monde où chacun s'efforce d'avoir une opinion sur n'importe quoi, rien n'est plus rafraîchissant que de revenir à cette position et de s'habituer à ne pas avoir d'idées préconçues, de réponse toute prête, de théorie « prête à l'emploi ».

Il faut enfin savoir nager au sein du fleuve, c'est-à-dire vivre dans un monde dont les repères changent sans cesse, en prônant un monde aux formes floues, impliquant de changer perpétuellement de comportement et de conception. Comme les poissons passant d'une eau trouble à une eau claire, il faut pouvoir soutenir successivement deux conceptions différentes, selon les conditions dans lesquelles on se trouve...

Chapitre 5

LA MÉDITATION POÉTIQUE

L'activité poétique

Il ne suffit pas à notre guerrier moderne du vingtième siècle de choisir son terrain et d'y retrouver la trace de l'exil originaire pour lequel il va se battre, ni même de savoir choisir ses armes, de décider à bon escient du combat ou de l'esquive.

La vision qu'il développe doit faire de lui un voyant. Car la pratique de l'exil n'est qu'une voie pour accéder à une nouvelle vision du monde, à une nouvelle pratique poétique.

Si l'activité guerrière est la partie extérieure la plus visible de la praxiologie de l'exil, le regard poétique intérieur en représente l'aspect le plus secret et le plus caché — le plus intime.

A priori, ce rapprochement peut étonner, l'une des figures étant plus portée vers la méditation et donc l'intériorité, l'autre vers l'extériorisation de sa force. Pourtant, on oublie trop vite que des hymnes védiques à la poésie homérique, les poètes antiques n'ont jamais dédaigné l'activité guerrière, cette dernière représentant au contraire l'une de leurs sources d'inspiration les plus puissantes et trahissant par là même une secrète connivence.

Tant il est vrai qu'un véritable guerrier voit les choses comme un poète, et qu'un poète doit s'efforcer d'acquérir la force et la rudesse du guerrier.

La praxiologie de l'exil invite ainsi à ré-inventer, dans notre monde moderne, la figure de l'errant qui parcourt le monde en apparaissant tantôt comme un guerrier insaisissable, tantôt comme un poète étrange et rarement compréhensible.

- Poétique - 1

Les mondes se dévoilent dans le langage poétique.

Cela ne veut pas dire que le discours se découvre un nouvel objet, après s'être par exemple porté sur la politique, la psychologie ou même la philosophie.

Au contraire, en se voulant à l'écoute du monde, sa seule prétention est de permettre à la vie de se dévoiler pleinement. Ce langage n'a plus d'objets : il tend à être un pur miroir dans lequel les mots se mettent au diapason des choses, en suivant le rythme invisible du chant qui les unit.

Heidegger vit dans cette spécificité un signe de supériorité de la parole poétique, seule authentique par rapport au bavardage et à l'instrumentalisation quotidienne de la langue. Il faut effectivement défendre la spécificité de la Trouée du Réel provoquée par l'activité poétique : cette dernière témoigne bien d'un nouveau rapport au monde, les mots cessant d'être une prison dans laquelle les choses sont maintenues en exil, et devenant de manière imprévue des voies d'accès vers le réel.

Tel est le paradoxe de l'activité poétique : en imposant à l'homme de s'effacer et de s'exiler hors du langage courant, il l'ouvre soudain aux choses, en le rendant donc présent à cet espace exilique authentique où tous deux se rencontrent dans la libre errance du jeu du monde.

- *Poétique* - 2

Ce n'est qu'après avoir déconstruit la notion de sujet afin de retrouver la dimension exilique qui se cache au fond de chaque individu (cf. *La philosophie de l'exil),* après avoir dénoncé les multiples pièges et manipulations sociales de l'exil qui amènent l'homme à se réfugier dans des arrière-mondes illusoires (dans *La Critique de la Modernité, l'exil et le social*), qu'enfin se dévoile un langage poétique permettant de retrouver un lien authentique avec le monde.

Comme si, pour retrouver la pureté originaire du langage, il était nécessaire de se débarrasser de toutes ses scories individuelles et de ses masques sociaux.

Ce n'est qu'après avoir mené à bien ces deux entreprises de déconstruction que le guerrier peut découvrir et expérimenter ce qu'est vraiment « penser » : non plus s'attacher à analyser et à défaire des liens, mais mettre le langage au service du monde et des choses. Rien n'est plus simple, apparemment. Et pourtant, rien n'est plus difficile que d'arriver à cette extrême simplicité de l'expression, où enfin le langage n'a plus besoin de se charger de lourdeurs conceptuelles ou de détours stratégiques...

Parler le monde, laisser les choses se dire : c'est tout, c'est extrêmement simple, et tout simplement beau. Vertige et joie immense, semblables aux émois qui vous saisissent lorsque vous affrontez pour la première fois les vers d'Héraclite, en découvrant une parole qui se coule dans le moule du logos.

Méditation aux sources héraclitéennes de la poésie

- Héraclite 1

A l'aube de la réflexion philosophique, Héraclite a, le premier, frayé la voie à une pensée poétique. C'est pourquoi il est indispensble de revenir à cet auteur — non pour y chercher un modèle, mais plutôt pour retrouver le souffle originaire de la parole, avant que celle-ci ne soit déchue et emmurée dans des systèmes rationnels étouffants.

Or, que nous apprend cet auteur ? Que déjà, à son époque, il n'était possible de rejoindre une pensée poétique complète qu'à partir d'une critique radicale du langage courant et des arrière-mondes dans lesquels ses contemporains s'enfermaient. « Présents, ils sont absents », écrira-t-il pour montrer comment chacun erre dans son univers individuel, en se coupant du monde dans lequel il est cependant plongé. Les contacts entre humains ou avec l'environnement sont alors réduits à un bavardage inconsistant, nul n'écoutant l'autre, chacun continuant à évoluer dans son monde .

« Ne sachant pas écouter, ils ne savent pas parler : sans intelligence, quand il sont écoutés, à des sourds ils ressemblent », écrira-t-il avec une lucidité terrible. D'où le constat final : « Ce qu'ils font éveillés leur échappe, tout comme leur échappe ce qu'ils oublient en dormant ». Le vertige le saisit, lorsqu'il demande ce qu'il reste à de tels hommes : ils n'ont à proprement parler « rien », puisque tout leur glisse des doigts, en s'évanouissant dans l'évanescence la plus absolue…

Pourtant, cette critique ne débouche pas sur le nihilisme. Si Héraclite critique tant ses contempo-rains, c'est parce que leur usage instrumental ou égoïste du langage les empêche de voir les trésors qui y sont scellés. Or ces secrets, loin d'être mystiques et transcendants, résident dans « ce » monde et son devenir. Le langage authentique est en effet celui qui se met à l'écoute du monde. Le logos n'est originai-rement pas autre chose que cette faculté d'écouter les choses en se mettant à leur diapason, en les laissant être, sans chercher à les soumettre ou à leur imposer un quelconque ordre. Comme le note l'un de ses commentateurs les plus profonds, Marcel Conche, « les choses se découvrent, les phantasmes dont nous les recouvrons habituellement étant écartés… »

Or, que nous dévoile le langage poétique du monde ? Une unité, certes, mais une unité des contraires, qui oblige à poser que chaque chose appelle son opposé : « Tout est un », affirme moins le calme repos de l'être que le conflit perpétuel et la loi d'un monde en perpétuel devenir. Malgré la réticence que nous avons à admettre le négatif, en nous enfermant dans des mondes positifs d'où le mal est chassé, Héraclite nous rappelle l'exigence terrible de la pensée poétique — à savoir, de devoir tout intégrer, chaque chose et son contraire.

Ainsi l'unité poétique dévoilée par le logos héraclitéen nous amène-t-elle vers un nouvel horizon de la pensée, qui montre une unité perpétuellement changeante, toujours en mutation, sans que l'« être » ne puisse jamais revenir.

Héraclite jeune disait que « rien n'est », qu'il « n'y a rien ». Marcel Conche nous montre qu'Héraclite a été amené par la suite à distinguer soigneusement : d'une part le « Tout » que la pensée poétique cherche à atteindre, qui est perpétuellement mouvant et pris dans le jeu des contraires, d'autre part le « logos » et le discours poétique qui tente de saisir ce mouvement du monde et de son devenir, et enfin l'être supposé des choses décrites, qui n'a jamais existé que comme un rêve de repos hypostasié, et qui n'est effectivement « rien »…

Ainsi, à l'aube de la pensée occidentale, Héraclite a, le premier, critiqué la pensée figée dans les arrière-mondes, et découvert qu'il existait un autre mode de pensée poétique qui, en voulant saisir le monde dans son perpétuel devenir, n'était pas obligé de revenir au monde illusoire de l'être.

Figure emblématique, sa parole est aussi un combat : ce qu'il nous apprend, c'est à ne pas nous endormir, à chercher l'éveil, à ouvrir la pensée à tous ses contraires. C'est pourquoi nous interrogerons ses fragments, pour essayer d'y trouver une connivence de pensée avec notre propre thématique poétique de l'exil…

Héraclite -2 (Fr.6-10)

La pensée poétique du monde implique un retour au réel puisqu'on cherche à se rendre présent aux multiples mouvements et devenirs contradictoires du logos. Toutefois, il ne s'agit pas d'une nouvelle détermination de l'homme dans une « habitation » quelconque. Car se mettre à l'écoute du monde implique d'abandonner radicalement tout enfermement dans un monde individuel et subjectif.

Se mettre au diapason poétique du monde ne débouche donc pas sur un humanisme et encore moins sur une réconciliation écologique de l'homme avec un cosmos qui lui serait fraternel. Au contraire, cela implique d'abandonner l'essence humaine de l'homme pour se hausser au plan de la parole du monde — qui, elle, n'a rien d'humain, et se contente de dire l'évolution contradictoire du toute chose.

C'est à cet exil anti-humaniste radical qu'invite Héraclite lorsqu'il écrit : « Alors que le discours vrai est universel, les nombreux vivent en ayant la pensée comme une chose particulière ». Dans cette phrase le discours vrai ne postule pas l'humain : il se contente d'indiquer que pour accéder à un certain type de vérité, il faut parfois se condamner à vivre en exilé au sein de sa propre société. Comme le remarque Conche commentant la phrase d'Héraclite, la dénonciation des mondes particuliers concerne autant les univers fantasmatiques dans lesquels chacun de nous s'enferme, que les croyances collectives, les mythes et les consensus sur lesquels repose toute collectivité. D'où un exil social radical : « Pour atteindre le logos, écrit Conche, il (le philosophe) se sépare du commun des hommes, de la collectivité. Il est un isolé (comme le *purusha* indien ?) ayant rompu, par le doute, avec les croyances de la collectivité. »

A cause de ce décalage, la pensée héraclitéenne s'interdit tout optimisme béat. Elle demeure une pensée profondément tragique, consciente de l'instabilité même de la position poétique. Car, si « penser est commun à tous », si « pour les éveillés il existe un monde commun et unique », « chacun des endormis (les mêmes, à un autre moment) se détourne dans un monde particulier ».

Cet aspect tragique se traduit bien dans le statut ontologique d'étranger (d'exilé, dirions-nous) : « Les choses qu'ils rencontrent chaque jour, ces choses-là semblent leur être étrangères », écrit Héraclite. Ce que Conche glose ainsi : Notre vie se déroule finalement en marge de la vie effective à laquelle nous appelle le monde dans sa splendeur offerte... nous vivons par procuration des vies imaginaires sans vivre notre vie réelle, que nous laissons glisser dans l'inattention à elle-même. Au mouvement du monde, nous substituons le nôtre, et ainsi nous évadons sans cesse quoique ne pouvant nous évader nulle part ». Magnifique commentaire, qui montre bien que si nous sommes d'emblée exilés en dehors de la vraie vie, il est impossible de s'évader de cet exil lui-même et de rêver à une habitation quelconque.

Retour à l'ultime figure heideggérienne de la poésie en ces temps de détresse

« *Pourquoi des poètes en ces temps de détresse* ? » demandait Hölderlin.

Heidegger répond à cette question en disant que, peut-être, la parole poétique est le dernier refuge où l'être puisse encore se dire. En reprenant ainsi la question angoissée de Hölderlin, il permet à la poésie de se prolonger jusqu'à nous et de nous illuminer de ses ultimes lueurs — en même temps qu'il revient à la source originaire de la parole pré-socratique.

Dans son effort pour retrouver ainsi l'essence pré-socratique de la poésie à travers la modernité de poètes comme Hölderlin, Heidegger est amené, presque malgré lui, à jouer le rôle d'un signe emblématique nous indiquant comment sortir de notre modernité. Car, apparemment, il emploie des concepts qui appartiennent à l'univers culturel de l'Occident : ainsi, en étant apparemment fidèle et prisonnier de cette tradition, il pose comme allant de soi que l'être existe et qu'il se manifeste dans le langage ; de même, le fait de découvrir cette mystérieuse co-appartenance de l'être et de l'homme au sein du langage poétique l'amène à la conclusion que l'essence de l'humain réside dans sa capacité à « habiter » le monde afin d'être le gardien du dévoilement de l'être. A première vue, il semble ainsi reprendre toute l'ontologie classique en se raccrochant désespérément à la pensée de l'être.

Or, sa méditation des pré-socratiques l'amène à changer le sens traditionnel que nous attribuons à ces mots. Ainsi, loin que sa méditation sur l'essence de la poésie serve à recentrer l'homme sur lui-même, au contraire, elle permet de le décentrer d'une manière radicale, en posant que son essence, à savoir d'être à l'écoute de l'être, implique qu'il ne peut se définir authentiquement que par rapport à cette autre réalité de l'Être, en s'ex-centrant. Plus encore, cet être qui obsède Heidegger n'est pas une réalité transcendante ou un monde illusoire : c'est le monde se dévoilant à travers le jeu de son devenir et de ses manifestations ; c'est d'ailleurs pourquoi, à la fin de sa vie, pour empêcher toute substantification de l'être, il l'écrira en la barrant tout aussitôt. Dès lors, « l'habiter » lui-même change de sens : il ne se réfère plus à l'impression de se trouver à sa place au sein du cosmos, enfin réconcilié avec soi et avec le monde ; mais plutôt au fait d'aménager, en tout lieu, un espace permettant aux choses de se dire.

Ainsi, au moment même ou Heidegger semble tomber dans les pièges d'une pensée ontologique classique, sa pensée de l'être et de l'habitation mine finalement ces concepts de l'intérieur et les fait éclater littéralement pour qu'ils ouvrent sur un décentrement et un exil radical.

Comme la parole héraclitéenne des origines, la pensée heidegérienne qui clôt l'histoire de l'Occident invite donc à comprendre que l'activité poétique implique un exil radical hors de soi et hors de toute habitation dans un monde harmonieusement centré sur lui-même.

Si telle est l'essence de la poésie, on comprend pourquoi cette dernière ne s'est jamais présentée comme une succession de systèmes parfaitement achevés comme en philosophie, mais au contraire comme une entreprise toujours ouverte et indéfiniment recommencée. Car l'inachèvement et l'errance au gré du devenir fluctuant du monde font partie intrinsèque de son essence. C'est pourquoi le guerrier doit apprendre à être aussi un poète, à s'ouvrir à la vision poétique du monde.

Chapitre 6

VERS UNE MYSTIQUE NIHILISTE

La tentation du poétique et son dépassement guerrier ou religieux

A trop vouloir donner une place privilégiée à la parole poétique, on peut être tenté de ne plus percevoir le monde qu'à travers elle, en l'interprétant comme une « voie » permettant le salut.

La tentation est grande de s'échapper alors dans cette sphère à la pureté miraculeusement intacte. C'est effectivement ce que firent les romantiques posant que le poète connaît une expérience privilégiée et sort du monde profane grâce à son art ; c'est également l'ivresse que connurent les symbolistes avec leur théorie de « l'art pour l'art », le langage poétique étant auto-suffisant et permettant d'accéder immédiatement à un autre monde. Heidegger lui-même n'échappe pas à cette tentation, puisque l'homme gardien de l'être se voit ainsi assigné, grâce à la poésie, une mission messianique de la plus haute importance. Dans tous les cas, on veut faire de l'activité poétique la planche de salut pour une nouvelle religion profane.

Or, la poésie, en tant que langage littéraire particulier, n'est pour nous qu'un outil et une technique parmi d'autres, permettant certes d'atteindre une certaine vision du monde et de la traduire en mots, mais sans pour autant prétendre être la seule voie.

Ce que les philosophes ont improprement appelé l'intuition, mot qui substantifie dans les catégories d'une faculté abstraite le simple acte de présence et d'attention aux choses, se déroule à un niveau pré-conceptuel, et donc en dehors des catégories du langage ; plus encore, on pourrait même dire que c'est finalement à cette simple attention aux choses que vise tout langage poétique authentique, qui ne parle au fond que pour mieux laisser éclore le silence de la présence. Elle n'a pas d'autre but ni supériorité.

Développer une simple attention au monde, s'exercer à la pratique du guerrier, chercher à s'auto-transformer grâce à des techniques yogiques ou méditatives destinées à devenir voyant en notre monde, sont autant d'autres voies et moyens permettant de viser le même but.

C'est alors qu'on s'aperçoit que l'activité et la pensée poétique ne peuvent être traitées comme une voie qu'à condition de les relier à toutes ces autres techniques que nous prônons depuis le début de cet essai, toutes mobilisées au profit d'une praxis positive de l'exil, pouvant alors se définir comme une « Poétique » supérieure — parce qu'intégrant l'art du guerrier et celui de la fuite, les techniques yogiques et shamaniques, les pratiques du silence comme celles du travail sur la langue…

Cette voie poétique large implique donc de briser le champ traditionnellement restreint de la poésie littéraire dans lequel les « poètes » occidentaux se réfugiaient avec délices, pour l'ouvrir à toutes les facettes d'une errance exilique libérée de ses contraintes, à toutes les autres pratiques adjacentes.

Qu'est-ce à dire, si ce n'est qu'il faut élargir l'activité poétique en l'intégrant dans une praxis du guerrier plus large, qui pourrait par analogie être dite « religieuse » ou mystique puisqu'ayant comme but d'atteindre une transformation radicale de la condition humaine, tout en demeurant farouchement nihiliste.

La subversion du religieux

Il est vain de vouloir revenir aux croyances originaires d'une religion en essayant d'échapper à la structure institutionnelle qui les a mises en place. Car les croyances sont déjà une mise en exil, loin de l'expérience originaire, et contiennent en elles-mêmes les germes de l'institutionnalisation.

Mais alors que faire ? De sa volonté de reprendre à l'adversaire ses armes pour trouver de nouvelles richesses, le guerrier ne peut-il récupérer les expériences d'exil que toutes les religions connaissent mais occultent aussitôt ? Fidèle à ses pratiques nihilistes, ne peut-il miner les systèmes religieux, en proposant des concepts et croyances apparemment absurdes, mais qui en fait permettraient de libérer l'exil et de retrouver ces fameuses expériences originaires, habituellement oubliées ? Il s'agirait alors de penser le religieux d'une nouvelle manière, à partir de concepts et de croyances permettant d'échapper aux emprison-nements conceptuels traditionnels.

Penser le Divin comme l'éphémère.

La grande paresse intellectuelle des hommes les a amenés à substantifier leur expérience en posant que le divin qu'ils éprouvaient parfois était forcément Eternel, toujours identique à soi, etc. Mais si on définissait Dieu comme l'Éphémère, tout changerait : cela inviterait à comprendre que, si nous n'avons que des flashes d'expériences ultimes, c'est moins à cause d'une insuffisance de l'homme que parce que le Divin est, en soi, parfaitement éphémère : il ne se manifeste et n'existe qu'occasionnellement, quasiment au hasard, jamais de la même manière, en ayant à chaque fois des visages et des vêtements différents parce qu'il n'est jamais le même. Quel affront pour les efforts des théologiens qui ont toujours voulu l'enfermer dans des cadres précis !

Toutes les vertus cardinales et théologiques seraient alors à changer : à l'espoir béat et à la confiance naïve en son Dieu qui est toujours là pour vous écouter et vous soutenir, il faudrait substituer le désespoir méthodologique qui sait que l'absence du divin est inhérente et indépassable, donc aussi la conscience du tragique de l'existence, du sein duquel peuvent surgir parfois et sans raison ces lueurs du divin qui s'éteindraient aussitôt.

D'où une redécouverte de la gratuité : n'attendez rien, aucune récompense, Dieu n'existe pas, ne vous entend pas, il n'est pas là pour vous récompenser, il se contente de s'auto-produire et de se montrer, toujours au hasard, pour vous inciter à jouir et à prendre conscience de la gratuité du Jeu du Monde, sans rien attendre d'autre qu'une ivresse cosmique passagère.

Après tout, seule la pensée judéo-chrétienne a imaginé un Dieu qui ne dort pas. Dans la tradition indienne des mille Kalpas, Dieu n'est pas toujours présent au monde : il lui arrive de dormir et de se désintéresser du monde, l'histoire de l'humanité correspondant à un bâillement du Dieu qui cligne de l'œil et voit, dans la brume de l'entre-deux du sommeil et du réel, ce qui se passe en son absence.

De même chez Platon, le démiurge, après avoir façonné le monde, s'en désintéresse et le laisse aller à sa guise, ne ré-intervenant qu'au moment où il risque de sombrer.

Il faudrait retrouver, dans toutes les traditions non chrétiennes, ce sentiment de l'Éphémère, du « non donné une fois pour toutes », en allant encore plus loin et en posant l'idée d'une existence ponctuelle et fragmentée, purement gratuite, d'un Dieu qui n'est, ni n'est pas (à l'inverse du Dieu, présent partout et toujours).

Un Dieu à l'existence éphémère, qui saurait aussi dormir et se désintéresser des hommes.

Si le divin est éphémère, parfois se dérobant dans l'inexistant, parfois se manifestant dans l'absolue gratuité, il faut privilégier les voies absurdes : les Ko'ans qui remettent en cause toute conceptualisation, les actions sans agir et les actes gratuits ; il faut chercher à vivre dans le présent où l'étincelle jaillit, et non se mettre à prier en cherchant à rejoindre une réalité transcendante nous faisant échapper au monde concret.

Bref, on le voit, le religieux pourrait être réinvesti de toutes les pratiques du guerrier, pour être subverti à son tour et vu comme un puissant outil magique permettant de démultiplier et intensifier tout à la fois les pratiques de l'exil et les mirages des simulacres.

En plus d'être un poète, le guerrier des temps modernes pourrait-il se comporter, sur les chemins de l'exil, comme un mystique athée et nihiliste, brûlant à la flamme d'un absolu dont il entretiendrait, seul, un feu sans foyer autre que lui-même ?

Table des matières

Achevé d'imprimer en mars 1996
sur les presses de la Nouvelle Imprimerie Laballery
58500 Clamecy
Dépôt légal : mars 1996
Numéro d'impression : 602100

Imprimé en France